Der Duft der Rose

Stadelmann® Verlag

DER DUFT DER ROSE

Barbara Našel

Wichtiger Hinweis:
Die Hinweise zur Wirkung der Pflanzen dienen der Aufklärung, Information und Selbsthilfe. Alle Angaben wurden sorgfältig geprüft, dennoch können Autorin und Verlag keine Gewähr für deren Richtigkeit übernehmen. Jede Leserin und jeder Leser ist aufgefordert in eigener Verantwortung zu entscheiden, ob und inwieweit sie/er Zubereitungen daraus anwendet. Das Buch kann medizinischen Rat nicht ersetzen. Im Zweifelsfall oder bei bereits bestehender Erkrankung muss für eine korrekte Diagnose und entsprechende Behandlung stets ein Arzt, ein Heilpraktiker oder eine andere qualifizierte Fachperson zugezogen werden.

ISBN 978-3-943793-65-9
© 2019 Stadelmann Verlag
Nesso 8, 87487 Wiggensbach
Fax +49 (0) 8370 8896
www.stadelmann-verlag.de

E-Mail: bestellung@stadelmann-verlag.de
Umschlaggestaltung und Layout: Britta Raab/Studio Somo, Sonthofen
Illustration: Barbara Našel, Wien
Lektorat: Johanna Bauer, München
Satz: Britta Raab/Studio Somo, Sonthofen
Druck und Bindung: Kösel, Krugzell
Bildnachweis Cover, S. 1 – 3, S. 118 – S. 119:
one AND only/shutterstock.com, Koxae Sun/shutterstock.com

Gedruckt in Deutschland auf umweltfreundlich hergestelltem Bilderdruckpapier (säurefrei und chlorfrei gebleicht)

für Miriam und Simon

 # INHALT

Im Rosenstock

Früher gingen die Menschen gerne in Gärten spazieren, musizierten, schrieben Gedichte und schickten einander Liebesbriefe. Damals war die Rose die Königin der Blumen. Sie freute sich, wenn Kinder ihren Müttern Rosen pflückten, Mädchen Rosenblätter in ihre Poesiealben legten und Kavaliere ihren Damen einen Strauß Rosen schenkten. Ihr Duft war unwiderstehlich! Natürlich machte das die Rose auch ein wenig hochmütig, was ihr die anderen Blumen oft verübelten. Aber sie konnte einfach nicht anders, als sich zu freuen und stolz darauf zu sein. So ging es über Jahrhunderte, immer war die Rose die Königin der Blumen.

Dann jedoch veränderte sich die Welt. Plötzlich schien niemand mehr Zeit zu haben, um spazieren zu gehen. Aus Kavalieren wurden coole Männer, die nur selten Blumen schenken. Und junge Mädchen haben keine Zeit mehr für Poesiealben. Menschen, Dinge, Pflanzen – alles muss plötzlich einen Sinn haben, als ob die Natur nicht von sich aus Sinn genug hätte – einfach so, wunderbar wie sie ist.

So kam es, dass die Rose, die früher unangefochtene Königin, scheinbar an Bedeutung verlor. Denn was hat sie

9

denn zu bieten außer ihren Duft und ihre Schönheit? Andere Pflanzen werden als Heilkräuter verwendet, können Krankheiten lindern oder gar verhindern. Das wird einer kleinen Rosenelfe eines Tages bewusst, als jemand in ihrem Garten plötzlich zu ihr sagt: „Und, was ist die Wirkung Ihrer Pflanze, kleines Fräulein?" Amalie, so heißt die kleine Elfe, blickt sich um. Sie ist gerade dabei, Morgentau von den Rosenblütenblättern für ihr Frühstück zu sammeln.

Da bemerkt sie eine kleine Gestalt auf dem Lavendelbusch nebenan. Ein kecker Lavendelelf sieht sie strahlend an. „Wie meinen Sie?" Amalie ist überrascht. Der Elf wiederholt seine Frage: „Was ist die Wirkung Ihrer Pflanze, Fräulein Rosenelfe?" Dabei wollte er gar nicht unhöflich sein, sondern nur ein kleines Gespräch anfangen.

Er hat Amalie schon die ganze Zeit beobachtet und die kleine Rosenelfe gefällt ihm sehr. Die aber blickt irritiert

hinüber zu dem Lavendelelf in seinem strahlend sauberen Hemd und der lila Jacke. „Welche Wirkung?", fragt sie verlegen. Sie findet diesen blitzblanken Elfen etwas frech. „Na, die Heilwirkung! Wussten Sie, dass meine Pflanze von den Menschen auf der ganzen Welt verwendet wird? Lavendelduft wirkt beruhigend und ausgleichend, Lavendel reinigt und heilt Wunden – auch Brandwunden – und er wird für die Wäsche verwendet zum Reinigen, damit sie gut duftet und die Kleidermotten nicht hineinkommen", prahlt er.

Das bringt die Rosenelfe nun völlig durcheinander. Eine Wirkung? Darüber hat sie sich noch nie Gedanken gemacht! Natürlich hat ihre Pflanze eine Wirkung, sonst würden ja nicht alle an ihr riechen wollen! Aber so genau kann sie das nicht erklären – ihr fehlen die Worte. Sie will das jedoch nicht zeigen. „Meine Rose hat eine beachtliche Wirkung, mein Guter! Aber davon können Sie ja nur träumen!" Amalie wundert sich, warum sie sich über diesen kecken Elfen so ärgern muss. Deshalb sagt sie kurz und mit gehobener Nasenspitze: „Ich habe jetzt keine Zeit, mit Ihnen zu plaudern, vielleicht ein andermal", und wendet sich ab. Der Lavendelelf ruft ihr noch nach: „Würd mich freuen!" Aber Amalie ist schon weg. Der Lavendelelf steht noch lange da. „Ich glaube, sie mag mich", denkt er verträumt.

12

Die kleine Rosenelfe eilt zu ihrer Lehrerin. Doch diese kann ihr die Frage nicht beantworten. Sie meint nur: „Wirkung? Was soll das?" Gemeinsam gehen sie zur Rosenelfenkönigin. Die muss doch Bescheid wissen! Die Königin sitzt auf ihrem Thron und trinkt Rosenblütentee, den ihr eine Elfenzofe reicht. Amalie erzählt, was der Lavendelelf behauptet hat: Seine Pflanze habe verschiedene Wirkungen wie Beruhigen, Heilen und Reinigen. Und dass er sie nach der Wirkung ihrer Pflanze, der Rose, gefragt habe und sie keine Antwort wusste.

Als die Rosenelfenkönigin das hört, ist sie empört: „So eine Frechheit! Wer wagt es, unsere Wichtigkeit anzuzweifeln? Die Rose ist die schönste und damit wichtigste Pflanze. Jede Rosenelfe ist mit Stolz erfüllt, meine kleine Elfe. Es gibt nichts Wichtigeres als die Schönheit!" Plötzlich aber wird ihr vom Kreislauf her ganz schwindelig. „Schnell, bringt etwas Rosenöl!" ruft die Lehrerin. Als es der Königin wieder besser geht, sagt sie: „Geht jetzt und merkt Euch: Schönheit ist das größte Gut!"

Alleine in ihrem Zimmer aber grübelt sie vor sich hin. „Gibt es noch andere wichtige Eigenschaften, die eine Pflanze haben kann? Sollen Pflanzen die Gesundheit und das Wohlbefinden anderer Lebewesen beeinflussen?"

15

Diese Frage lässt ihr keine Ruhe mehr. Sie stöbert in ihren Büchern, und nach einer schlaflosen Nacht ruft sie am nächsten Morgen alle Rosenelfen zur Generalversammlung. Gleich nach dem Frühstück – Morgentau mit etwas Blütenpollen – treffen sich die ranghöchsten Rosenelfen im königlichen Sitzungssaal. Die Wände dort sind aus schönsten Rosenblütenblättern gefertigt. Es ist ausreichend Platz für alle Elfen, die auf kleinen rosa Hockern im Kreis um ihre Königin Platz nehmen.

Diese hält ihr Zepter in der Hand und beginnt zu sprechen: „Liebe Freundinnen und Freunde, ich habe euch zusammengerufen, weil unsere Pflanze uns braucht. Rosen sind die wunderbarsten Pflanzen, die es gibt. Sie sind zart, aber doch widerstandsfähig, und duften himmlisch. Sie sind so schön, dass manche Menschen bei ihrem Anblick vor Verzückung zu weinen beginnen. Doch plötzlich sollen Wirkungen gebraucht werden!" Dann erzählt sie von dem kecken Lavendelelf und seiner Frage. Ein Raunen geht durch den Saal. Die ältesten Elfen sprechen durcheinander: „Was soll das? Die Rose wird immer die Königin der Blumen sein." Die Rosenelfenkönigin hebt die Hand und langsam beruhigen sich alle. „Wir wollen mehr über die Wirkungen der Rose herausfinden", meint sie schließlich. Die Rosenelfen blicken

16

17

sich fragend an. Die Elfenkönigin ergreift wieder das Wort: „Liebe Freundinnen und Freunde! Wer von euch ist bereit, eine Reise zu unternehmen, um herauszufinden, wie die Rosen wirken und gleichzeitig mehr darüber zu erfahren,

welche Wirkungen andere Pflanzen haben?" Wieder geht ein Raunen durch die Menge. „Wir sollen unseren Rosenstock verlassen und in die weite Welt ziehen? Das hat noch nie eine Rosenelfe gewagt!"

Doch dann meldet sich Marieluise, eine besonders reiselustige kleine Elfe. Sie wollte immer schon in die weite Welt – das war doch die Gelegenheit! Amalie und ihre Zwillingsschwester Rosalie beraten noch ein wenig, dann sind auch sie dabei. „Gibt es noch ein paar Freiwillige?" Die Rosenelfenkönigin blickt besorgt in die Runde. Schließlich fragt sie ihre beiden Söhne Emilio und Centifolio. Nach kurzem Zögern sind auch die beiden bereit, in die weite Welt hinauszuziehen.

DER AUFBRUCH

Es ist schon später Frühling und die Rosenelfen beschließen, möglichst bald aufzubrechen. Im gesamten Rosenstock herrscht fleißiges Treiben. Heupferdchen werden mit Rucksäcken bepackt, die allerlei Nützliches für die Reise und Proviant für die ersten Tage enthalten. Rosenelfen essen zwar nicht viel, aber Blütenpollen und Nektar brauchen sie schon zwischendurch. Dann wird ein großes Abschiedsfest gefeiert. Die Rosenelfenkönigin schenkt jedem Reiseteam ein kleines Fläschchen Rosenöl zum Abschied und wünscht ihnen viel Glück. Am nächsten Morgen brechen die beiden Zwillinge Rosalie und Amalie nach Süden auf. Sie wollen ins Mittelmeergebiet, dort soll das Klima besonders angenehm und mild sein. Einige Elfen begleiten sie bis zum Gartentor.

Jenseits des Gartens wird es den kleinen Rosenelfen etwas unheimlich zumute und sie blicken zurück. Doch dann meint Amalie: „Ha, dann kann ich dem kecken Lavendelelfen etwas erzählen, wenn ich wieder zurück bin! Komm, gehen wir!" Sie treiben ihre Heupferdchen an: „Hü-Hott!", und reiten davon. Nach einem längeren Ritt erreicht die

21

kleine Reisegesellschaft einen breiten Fluss. „Oje! Wie sollen wir denn über den Fluss kommen? So weit können wir Elfen nicht fliegen!" meint Rosalie verzagt. „Vielleicht können wir uns ein Floß aus Rinde bauen", schlägt Amalie vor und muntert ihre Schwester auf: „Komm, nimm ein Schlückchen Nektar und ruh' dich aus. Ich sehe mich ein wenig um!" Sie geht am Ufer entlang und sucht nach Material für ein Floß. Plötzlich aber hört sie lautes Geschrei. „Was ist denn das für ein Lärm?" Amalie läuft zurück – und erschrickt fürchterlich. Ein riesiger Vogel sitzt direkt neben ihren Freunden und versucht, eines der Heupferde zu schnappen! „Halt!" ruft Amalie und fuchtelt mit den Ärmchen. „Wer bist denn du?" „Ich bin ein Rotkehlchen! Siehst du nicht meine roten Federn? Ich brüte hier am Boden. Und Heupferde sind für mich ein Leckerbissen!" – „Nein, nicht, das sind meine Freunde!" Das Rotkehlchen schaut verdutzt. Solche kleinen Wesen hat es doch schon einmal gesehen! Sie leben in den Blumen. „Und wer seid ihr?" fragt es. „Wir sind Rosenelfen und machen eine Expedition. Hast du eine Ahnung, wie wir über den Fluss kommen können?" Das Rotkehlchen neigt den Kopf zur

23

Seite, so, als würde es nachdenken. Schließlich sagt es: „Na, wenn's sonst nichts ist. Setzt euch auf meinen Rücken, ich fliege euch hinüber", und dabei legt es einen Flügel auf die Erde, sodass die Elfen an ihm hochklettern können. Die Heupferde bleiben am Ufer zurück. Amalie und Rosalie verabschieden sich von ihnen: „Lauft nach Hause und lasst alle schön grüßen! Lebt wohl!" Die Elfen genießen es, im weichen Gefieder des Vogels zu sitzen und mit ihm über den Fluss zu fliegen! „Juhuuuuu!" rufen sie. „Ist das schöööön!"

Als sie am anderen Ufer angekommen sind, setzt der Vogel sie ab. „Ich muss zurück, mein Nest wartet

auf mich. Lebt wohl und viel Glück!" Dann fliegt das Rotkehlchen davon.

Jetzt erst merken die beiden Rosenelfen, wie müde sie
sind. „Komm, wir legen uns ins weiche Moos!" sagt Amalie.
„Gute Nacht!" Als sie aufblickt, merkt sie,
dass Rosalie schon eingeschlafen ist.

Bei den Lavendelelfen

Mit dem ersten Sonnenstrahl wachen die beiden Rosenelfen am nächsten Morgen auf. Sie strecken sich und blicken sich um. „Hab ich einen Durst!" sagt Rosalie. Sie geht zu einem Kleeblatt, um Morgentau zu trinken. Da bemerkt sie, dass sie aus der Wiese heraus angestarrt wird. Mehrere Augenpaare sind auf sie gerichtet. „Wa-wa-was wollt ihr?" fragt sie verängstigt. Vor ihr stehen: zwei Marienkäfer, eine Beerenwanze und eine Hummel. „Wer bist du denn und was machst du da in unserer Wiese?" fragt die kleine Wanze. „Ähm, wir sind Rosenelfen auf einer Expedition." –„Aha, was ist eine Expedition?" – „So etwas wie ein Ausflug, bei dem man etwas herausfinden möchte. Wir wollen zu den Duftfeldern. Ist das noch weit von hier?" Einer der Marienkäfer meint: „Nun ja, für so kleine und zarte Wesen ist das weit. Zuerst müsst ihr etwas essen. Kommt mit, wir haben Blütenpollen und Nektar." Rosalie holt Amalie und gemeinsam mit ihren neuen Freunden gehen sie in cine kleine Erdhöhle. Als sich ihre Augen an die Dunkelheit gewöhnt haben, erkennen sie ein gemütli-

26

ches Stübchen. In der Mitte des runden Raumes steht ein runder Holztisch, um den kleine runde Holzhocker angeordnet sind. An der Wand hängen Bilder mit Blumen und

Käfern darauf. Aus einem kleinen Schrank nimmt der Marienkäfer kleine Becher und gießt Nektar aus einem Krug ein. Auf einem Teller türmen sich Kugeln von Blütenpollen. Den Rosenelfen schmeckt es wunderbar, und während sie

27

speisen, beraten die Tiere, wie die kleinen Elfen am besten zu den Duftfeldern gelangen.

„Wir fragen den Zitronenfalter. Er kann so eine leichte Last sicher tragen und er kennt den Weg!" Gesagt – getan! Nach dem Frühstück rufen sie den Falter. Der erklärt sich gerne bereit, und die Elfen nehmen auf seinem Rücken Platz. „Wie zart der Schmetterling im Vergleich zum Vogel ist!" denken die Elfen. „So mitzufliegen ist viel besser als selbst fliegen zu müssen."

Bald erreichen sie eine Gegend, in der es ganz stark und herb riecht. Amalie und Rosalie kennen diesen Duft, es ist

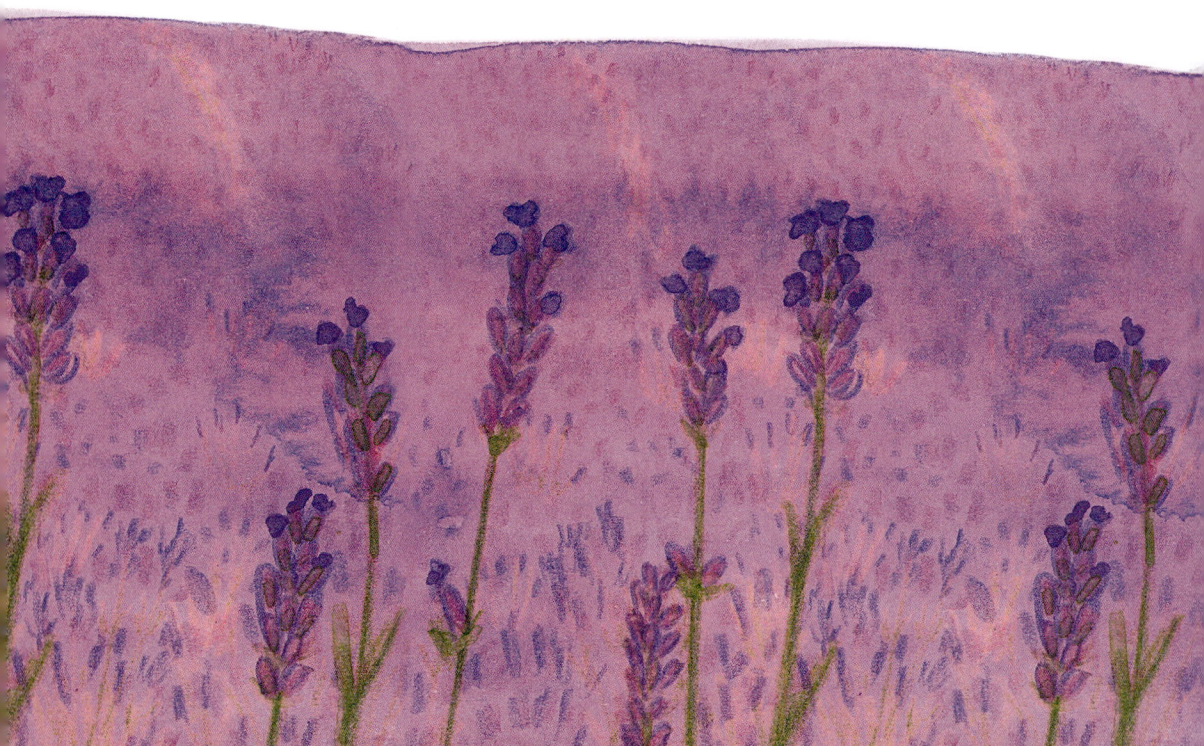

der Duft des Lavendels. Aber so atemberaubend riecht der Lavendelbusch in ihrem Garten nicht. Als sie näher kommen, sehen sie, warum das so ist. Nicht etwa nur ein Lavendelbusch, nein, ein lila Meer von Blüten – so groß wie ein Ozean – liegt unter ihnen. Millionen von Lavendelpflanzen verströmen diesen umwerfenden Duft.

Der Zitronenfalter lässt sich auf einer Blüte nieder und beginnt sofort, Nektar zu trinken. Die Rosenelfen bedanken sich bei dem Schmetterling.

Als er sich gestärkt hat, fliegt er davon. Bald sehen Rosalie und Amalie ihn nicht mehr zwischen den unzähligen Blüten. Dafür sehen sie viele eifrige Lavendelelfen herumfliegen. Amalie muss an den Lavendelelf denken, mit dem sie zu Hause geplaudert hat. Auch diese hier tragen saubere weiße Hemden und lila Jacken. Sie spricht eine der Lavendelelfen an. Die kleine Elfe erzählt ihnen, dass sie auf dem Weg in die Schule ist. Jede Lavendelelfe habe in die Schule zu gehen, um etwas über die genaue Zusammensetzung und Qualität des feinen Lavendelöls zu lernen, und wie man es herstellt. Wie faszinierend! Die Rosenelfen betteln: „Bitte, dürfen wir mitkommen in eure Schule?" Die kleine Elfe zögert ein wenig, aber dann sagt sie: „Na ja, die Lehrerin wird schon nichts dagegen haben. Kommt!"

Die Lavendelelfenschule

Die Lavendelelfenschule befindet sich in einem der ältesten Teile des Lavendelfeldes, dort, wo die Büsche schon verholzt sind. Zwischen den Stämmen und Zweigen sind aus Blättern und Zweiglein kleine Zimmer gebaut. In einem Klassenzimmer sitzen Elfchen an kleinen Tischen und haben Schreibtafeln vor sich, auf denen sie fleißig mitschreiben. Die Lehrerin erklärt gerade, dass man die Duftstoffe der Pflanzen auch „ätherische Öle" nennt. Als sie Amalie und Rosalie sieht, begrüßt sie die beiden Rosenelfen herzlich. Die Lavendelelfe aber mahnt sie: „Du kommst spät! Wir müssen immer pünktlich sein!" Die kleine Elfe entschuldigt sich und erzählt, dass Rosalie und Amalie mit ihr mitkommen wollten, um auch etwas zu lernen.

Das freut die Lehrerin, sie mag Schülerinnen und Schüler, die sich für ihren Unterricht interessieren. „Nun", sagt sie, „wer kann mir die Wirkungen des Lavendelöles aufzählen?" Sofort sind sämtliche Hände in der Höhe. „Offenbar sind Lavendelelfen sehr fleißig", denkt Rosalie. Eine nach der anderen erklärt ihnen nur zu gerne und nicht ohne Stolz die Wirkungen des Lavendelöles. Die Lehrerin nickt

31

zufrieden und lobt die kleinen Elfen. Die beiden Rosenelfen schreiben alles in ihr Notizbuch, das sie von zu Hause mitgenommen haben. Es ist so viel, dass sie sich das sonst nie merken könnten.

Rosalie und Amalie notieren: Schmetterlinge, Käfer, Bienen und Hummeln lieben Lavendelblüten, aber Stechmücken und Kleidermotten mögen den Geruch nicht. Daher kann man Lavendelduft zum Abhalten von lästigen Insekten ver-

32

wenden. Auch wenn man in der Nacht nicht schlafen kann, hilft Lavendel. 1 – 2 Tröpfchen auf das Kopfpolster getropft genügen, um sich angenehm zu entspannen. Lavendel ist ein guter Wundheiler, vor allem bei leichten Verbrennungen hilft er, die Schmerzen und die Schädigung der Haut zu mindern.

Nach dem Mittagessen steht Turnunterricht auf dem Stundenplan. Klettern an den Lavendelhalmen und Weitsprung. Die zwei Rosenelfen bemühen sich redlich, mitzumachen. Sie möchten zeigen, dass sie mindestens ebenso fleißig sind. Abends lassen sie dann vor lauter Müdigkeit das Nachtmahl aus, fallen gleich in die extra für sie hergerichteten sauberen lila Lavendelelfenbetten und schlafen sofort ein.

Rosalie und Amalie träumen einen schönen Traum von ihrer Heimatrose, die in ihren Träumen plötzlich nach Lavendel riecht! In der Früh wachen sie ganz erfrischt auf. „Wie es unseren Freunden zu Hause jetzt wohl geht?" Sie haben jedoch nicht lange Zeit, um darüber nachzudenken, denn schon fängt der neue Schultag an. Heute wird geerntet. Sämtliche Schülerinnen und Schüler der ersten Klasse fliegen mit ihrer Lehrerin, Fräulein Lavandula, zu einem Feld mit der Nummer 1. Auf dem Rücken trägt jede Elfe ein winziges Körbchen, in das sie genau zwei gerade aufgeblühte lila

33

Blüten legt. Damit fliegt sie zu einem luftigen, überdachten Speicher. Drinnen werden die Blüten in größere Körbe gelegt und in Regale gestellt.

Die Rosenelfen bleiben noch ein paar Tage bei den freundlichen Lavendelelfen, mit denen sie sich sehr gut verstehen. Sie lernen von ihnen auch, wie man Bienen und Hummeln anlockt und die Schmetterlinge ruft. Dann machen sie sich wieder auf den Weg, denn sie wollen ja noch weitere Duftpflanzen erforschen. Nachdem sie sich herzlich bedankt und verabschiedet haben, bekommen sie eine Probe des besten Lavendelöls mit auf den Weg.

35

Die Zitronenmelisse

Amalie und Rosalie überlegen, wo sie noch weitere Duftpflanzen finden können. „Fragen wir doch die Bienen, sie kommen so viel herum", beschließen die kleinen Elfen. Bald kommt eine Biene vorbeigeflogen, und die beiden nutzen gleich die Gelegenheit. Die Biene weiß natürlich, wo es die nächsten Duftpflanzen gibt: „Weiter südlich von hier findet ihr ein ganzes Feld voller Melisse. Wartet, ich tanze euch die Richtung vor." Die Biene beginnt ihren berühmten Schwänzeltanz. „Liebe Biene! Wir verstehen deinen Tanz nicht! Das ist nicht unsere Sprache! Kannst du uns den Weg nicht anders erklären?" sagt Rosalie lachend. „Ich glaube, es wird besser sein, wenn ich euch den Weg zeige. Kommt mit! Aber beeilt euch – Zeit ist Honig!" sagt die Biene und fliegt davon. Rosalie und Amalie eilen ihr schnell hinterher.

Nach einiger Zeit sehen sie in der Ferne ein Feld mit lauter saftig grünen Pflanzen. Als sie näher kommen, bemerken sie einen eigenartig zitronigen Duft, jedoch viel milder und weniger fruchtig als der echter Zitronen. Die Pflanzen auf dem Feld haben zarte grüne Blättchen und kleine weiße Blüten. „So, das ist Melisse, meine Lieblingspflanze", erklärt

36

die Biene. „Ihr Nektar schmeckt am besten. Und wie sie duftet!" Nach einer kurzen Naschpause sagt sie: „Ich muss los! Bis zum nächsten Mal, viel Spaß!" und fliegt davon. Rosalie und Amalie wissen zuerst nicht, was sie tun sollen. Ihnen tun die Flügel weh vom schnellen Fliegen. Gemeinsam gehen

sie langsam zwischen den duftenden Blättern umher. Nach einigem Suchen finden sie ein paar Melissenelfen und sprechen sie an.

Die Melissenelfen sind ganz ruhige, weiß gekleidete Wesen. Rosalie hat das Gefühl, dass sie schlafwandeln, so langsam sind ihre Bewegungen. Und tatsächlich erzählt ihnen eine der Elfen, kurz Melli genannt, dass ihre Pflanze vor allem eine entspannende Wirkung hat, die Angst mindert und das Herz beruhigt. Das ist auch der Grund, weshalb es in diesem großen Melissenfeld so angenehm still ist. Die Melissenelfen bitten Amalie und Rosalie, mit ihnen zu kommen, da es gerade Zeit zum Mittagessen ist. Sie betreten einen großen Saal mit einer Tafel, an der viele hundert Elfen auf weißen Stoffhockern sitzen. Es gibt kühle Melissen-Honigsuppe mit Blütenpollen, danach Honig-
kuchen und als Nachspeise Me-
lissengelee mit Gelee Royal.
Zu trinken gibt es Honig-
wein, auch Met genannt,
und Melissen-
sirup.

Amalie und Rosalie finden das Essen vorzüglich. Jedoch wundern sie sich über den Honig und die anderen Bienenprodukte. „Die Bienen geben uns gerne ihre Erzeugnisse wie Honig und Gelee Royal. Gelee Royal ist die Nahrung der Bienen, die eigentlich für ihre Königin bestimmt ist. Es ist sehr kostbar, wie übrigens auch das Melissenöl. Stellt euch vor: Man braucht sieben Tonnen Melissenblätter für die Herstellung von einem Liter Melissenöl!" erzählt Melli stolz.

Nach dem Mittagessen legen sich alle in ihre Melissenblätterhängematten zum Mittagsschlaf. Amalie und Rosalie schlafen wunderbar, befreit von jeglichem Heimweh und ohne Sorge über die zukünftigen Aufgaben. Nach dem Mittagsschlaf führt man sie in die Destillerie. Sie sehen zu, wie feinstes Melissenöl in kleine Behältnisse tropft. Die kostbare Essenz wird in Parfumfläschchen abgefüllt, verkorkt und mit Etiketten beschriftet.

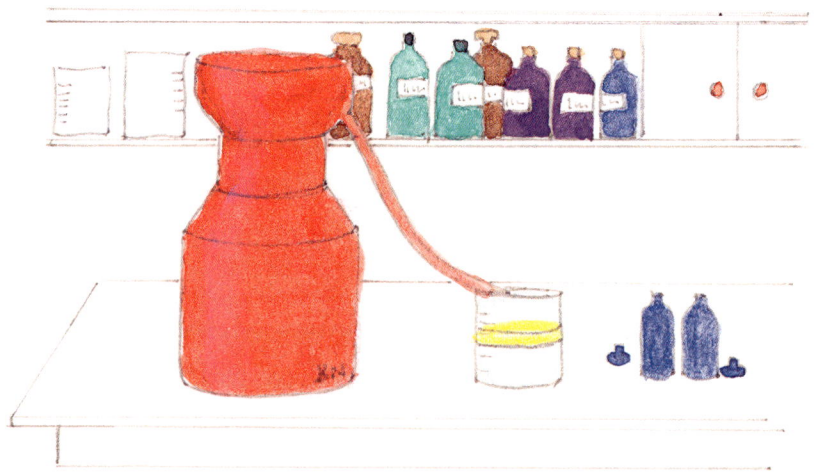

In einem Lagerraum mit vielen Regalen werden die Fläschchen aufbewahrt. Ein kleiner Teil des ätherischen Öls wird
ins Prüflabor gebracht und auf seine Qualität hin untersucht.

Amalie und Rosalie bleiben noch einige Tage und Nächte
bei den lieben, ruhigen Melissenelfen, bevor sie sich wieder auf den Weg machen. Ein kleines Fläschchen kostbares
Melissenöl bekommen sie als Geschenk mit.

KAMILLENKRANKENSCHWESTERN

Der Sommer zieht ins Land und die Tage werden wärmer und länger. Für die zarten Rosenelfen ist das Fliegen in der Sommerhitze eine anstrengende Sache. Man hat ihnen empfohlen, weiter flussabwärts zu reisen. Dort soll die Kamille besonders schön blühen. Nach einem ganzen Tag mühsamen Fliegens und Suchens empfangen ihre feinen Nasen einen angenehm krautigen Geruch. Sie folgen dem Geruch. Als sie das riesige Feld gelb-weißer Blüten erreichen, sind sie so müde, dass sie sich auf einer Blüte niederlassen und sofort einschlafen.

Am nächsten Morgen fühlen sich Amalie und Rosalie immer noch wie erschlagen, sie können kaum aufstehen. Aber was ist das? Verwundert stellen sie fest, dass sie in weichen, weißen Bettchen liegen. Da erscheinen auch schon zwei Elfen – in Weiß gekleidet mit gelben Häubchen – und bringen ihnen Nektar. „Wir haben euch draußen gefunden. Ihr wart ganz erschöpft, deshalb haben wir euch hier hergebracht. Mein Name ist Milli und das ist meine Schwester Caria, wir sind Kamillenelfen und Krankenschwestern. Und wer seid ihr?" Da fangen Amalie und Rosalie an zu

41

erzählen: von ihrer Reise und dass sie herausfinden möchten, wofür Rosen wichtig sind – von anderen wichtigen Pflanzen haben sie ja nun schon gehört. Milli hört aufmerksam zu, dann überlegt sie kurz und meint: „Wenn es auf der Welt keine Rosen gäbe, dann wäre das einfach nur traurig. Ich weiß zwar nicht warum, aber Rosen *muss* es einfach geben!" Das sagt sie so bestimmt, dass es die beiden Rosenelfen ganz

glücklich macht. Sie bitten die Kamillenelfen, ihnen noch mehr über ihr Leben und ihre Pflanze zu erzählen. Es stellt sich heraus, dass die meisten Kamillenelfen Krankenschwestern sind. „Die Kamille ist *die* Heilpflanze schlechthin", sagt Milli „sie wirkt bei Bauchschmerzen und -krämpfen, und bei Wunden nimmt sie die Entzündung und fördert die Heilung."

Während sie so plaudern, hören sie plötzlich ein lautes Maunzen und Jammern. Amalie und Rosalie erschrecken über die unheimlichen Töne, doch irgendwie kommen sie ihnen auch bekannt vor. Nach kurzem Nachdenken wissen sie es – das muss ein Kätzchen sein! Gemeinsam mit den Kamillenelfen folgen sie dem Maunzen und kommen bald an den Rand des Kamillenfeldes. Dort sitzt tatsächlich eine kleine weiße Katze, schleckt an ihrem linken Hinterpfötchen und jammert kläglich. Die Elfen fragen das Kätzchen, was passiert ist. Die weiße Katze schaut kurz auf und zeigt ihnen nur maunzend ihre Pfote.

Was müssen sie da sehen? Ein Rosendorn steckt im Pfötchen! Mehrere Elfen ziehen kräftig daran, und „Plopp!" – ist er draußen. Das Kätzchen ist erleichtert. Doch Milli und Caria meinen, nun müsse die Wunde versorgt werden. Schnell holen sie saubere Tücher, die sie in Kamillentee tauchen und

43

damit die Wunde reinigen. Auf eine Stoffkompresse wird sodann ätherisches Kamillenöl aufgetropft, die Wunde damit bedeckt und das Ganze mit einer Bandage fixiert. Amalie und Rosalie staunen, als sie sehen, dass das Kamillenöl eine

tiefblaue Farbe hat. Woher das wohl kommt? Die Kamillenelfen erklären ihnen, dass bei der Destillation das Öl blau
wird. Das fasziniert die Rosenelfen: blaues ätherisches Öl
aus gelb-weißen Blüten! „Können wir einmal zuschauen,
wenn das Öl hergestellt wird?" bitten sie. Da sagt Milli
zum Kätzchen: „Komm morgen wieder vorbei und
wir verbinden deine Wunde neu." Und zu den

Rosenelfen gewandt: „Kommt mit, da vorne ist unser Labor. Vielleicht haben wir Glück und es wird gerade destilliert." Doch als sie dort ankommen, hängt bloß ein Schild an der Tür: „Geschlossen". „Was ist denn hier los?", meint Milli und sieht sich um. Nirgends ist jemand zu sehen. Auch Caria wundert sich. Dann fällt ihr plötzlich ein: „Heute ist doch der Geburtstag der Königin! Wie konnten wir das nur vergessen!" Natürlich, alle Elfen waren auf dem Fest. Dort mussten sie auch hin! „Das wird ein Spaß! Es gibt Ringelspiele und Rutschen und viele gute Sachen zum Essen! Kommt, wir müssen uns beeilen!"

Auf der Wiese außerhalb des Kamillenfeldes sehen sie schon von Ferne die Buden und Ringelspiele. An den Ständen gibt es für alle umsonst zu essen und zu trinken. So feiern die Kamillenelfen den Geburtstag ihrer Königin. Rosalie und Amalie haben viel Spaß mit ihren neuen Freunden auf dem Fest. Doch als sie an der großen Bühne vorbeigehen, hören sie von dort plötzlich lautes Geschrei. „Die Königin ist ohnmächtig! Holt einen Arzt! Hilfe, zu Hilfe!" Bestürzt laufen Milli, Caria, Amalie und Rosalie zu der am Boden liegenden Elfenkönigin. Da fällt Rosalie plötzlich das Fläschchen ein, das ihnen ihre Königin zum Abschied mit auf die Reise gegeben hat. Intuitiv zieht sie es aus ihrer Tasche, öffnet es und

47

hält es der Kamillenelfenkönigin unter die Nase. Es dauert einen kurzen Moment, der sich wie eine Ewigkeit anfühlt, dann schlägt die Königin ihre Augen auf. „Was ist das für ein wunderbarer Duft, der mich aus dem Reich der Träume zurückgeholt hat?" fragt sie und strahlt über das ganze Gesicht. „Ich erinnere mich an ihn, doch ich habe ihn schon lange nicht mehr gerochen." Schüchtern ergreift Rosalie das Wort: „Das ist Rosenöl, wir haben es von weither mitgebracht." Die beiden Rosenelfen erzählen, was es mit ihrer Expedition auf sich hat und warum sie die weite Reise auf sich genommen haben.

Die weise Kamillenelfenkönigin hört aufmerksam zu, dann ergreift sie das Wort: „Wisst ihr", sagt sie, „wir Kamillenelfen beschäftigen uns ja schon lange mit den Heilwirkungen der Pflanzen und wissen, welche Blüte oder welches Blatt bei welcher Krankheit verwendet werden kann. Und jetzt fällt mir auch wieder ein, wo ich euren wunderbaren Rosenduft schon einmal gerochen habe. Ein alter Wanderelf hat mir einmal ein kleines Fläschchen geschenkt, das er aus einem fernen Land mitgebracht hatte. Er meinte, was die Kamille für den Körper sei, das sei die Rose für die Seele. Wir Kamillen können viele Wehwehchen heilen, aber der Duft der Rose heilt alle Wehwehchen der Seele."

Bei den Worten der Königin kommen Rosalie und Amalie die Tränen. So schön haben sie noch nie jemand über den Duft ihrer Pflanze sprechen hören. Plötzlich bekommen sie schreckliches Heimweh und wünschen sich nur noch, schnell wieder nach Hause zurückzukehren. Die Königin bemerkt den Kummer der Elfen und sagt schnell: „Morgen dürft ihr euch die Destillation des blauen Kamillenöls anschauen. Der Laborant wird euch alles darüber erzählen. Aber nun dreht noch eine Runde mit dem großen Ringelspiel. Lasst uns weiter feiern!" Und sie steht auf und klatscht in die Hände. Da hopsen die Elfchen aufgeregt und voll Freude davon.

49

Blaues Kamillenöl

Schon ganz früh am Morgen holen Milli und Caria die beiden Rosenelfen ab, um mit ihnen das Labor zu besichtigen. Als sie dort eintreten, staunen sie: „Oooooh!", sagen sie und vergessen ganz das Grüßen. Die gesamte Laboreinrichtung strahlt glänzend weiß. In der Mitte befindet sich ein

ovaler Tisch mit gläsernen Apparaturen, an den Wänden sind Schränke und Regale, in denen, sehr ordentlich, verschiedenste Behältnisse aufgereiht sind. Der Laborant, ein großer, dünner Kamillenelf mit weißem Haar, hat ein freundliches Gesicht. Er trägt einen sauberen weißen Mantel und eine blaue Brille auf der Nase. Sein Name ist Doktor Camomillus. „Ich habe euch schon erwartet", sagt er, „nehmt bitte Platz dort." Die kleinen Elfen klettern auf die Hocker am Tisch. Als alle sitzen, sagt Doktor Camomillus: „Wir beginnen nun mit der Destillation der Kamillenblüten."

Auf dem Tisch befindet sich ein halb mit Wasser gefüllter Glaskolben. Die Kamillenblüten liegen darin auf einem Gitter dicht über der Wasseroberfläche. Der Doktor zündet eine Kerze an und stellt sie unter den Kolben. Bald beginnt das Wasser darin zu kochen. Der Wasserdampf strömt durch die Blüten und wird durch einen langen Glashals weitergeleitet, der nach unten zu einem kleinen Glas führt. Dort hinein tropft Flüssigkeit: der im Glashals wieder zu Wassertropfen kondensierte Dampf mit dem darin gelösten Kamillenblütenduft. Die kleinen Elfen verfolgen gespannt, was passiert. Zunächst sehen sie nur klares Wasser in das Glas tropfen. Dann, nach einiger Zeit, ruft Milli aufgeregt: „Da, schaut, da ist etwas Blaues!" Alle schauen gebannt

53

auf das Glas, und tatsächlich: Auf der Wasseroberfläche schwimmt ganz wenig blaue Flüssigkeit. „Ja, seht ihr! Das ist das blaue Kamillenöl – konzentrierte Kraft der Kamillenblüte, herrlich im Duft und wunderbar heilend", erklärt Doktor Camomillus.

Als das gesamte Wasser verdampft und wieder auf der anderen Seite aufgefangen ist, bläst der Doktor die Kerze aus. Er nimmt das Auffangglas, saugt mit einer Pipette die blaue Flüssigkeit ab und füllt sie in ein kleines Fläschchen. Dann riecht er daran und macht einen sehr zufriedenen Gesichtsausdruck. „Riecht einmal, wie gut es duftet!" „Aaaaah!" machen die Kamillenelfen. Die beiden Rosenelfen finden zwar, dass es etwas herb riecht, aber sie wollen nicht unhöflich sein. Darum sagen sie nur: „Sehr interessant, dieser Geruch!" „Das Wasser, das im Glas übrig ist, nennt man Hydrolat. Darin sind auch gute pflegende Wirkstoffe. Man muss es aber bald verbrauchen, es verdirbt schnell", erklärt der Laborant. Die Elfen bedanken sich herzlich bei ihm und verlassen froh das Labor.

Nun sehen die vier Elfen nach dem Kätzchen. Es geht ihm schon viel besser. Das Kätzchen erzählt, dass es schon von klein auf mit Rosenwasser gewaschen wurde. „Wir bekommen das Rosenwasser von den Menschen, es pflegt die Haut und das Fell. Die Menschen waschen auch ihre Babys damit und pflegen ihre Haut mit Rosensalbe. Rosenöl ist besonders mild und gut hautverträglich. Der liebliche Duft lässt Mutter und Kind harmonisch und ruhig werden." Es lacht: „Als ich die duftenden Rosen da stehen sah, habe ich ganz die Dornen vergessen."

Amalie und Rosalie sind glücklich. Wieder haben sie Neues über die Wirkung des Rosendufts erfahren – ihre Expedition war wirklich ein voller Erfolg. Am nächsten Morgen verabschieden sich die beiden Rosenelfen von ihren neuen Freunden. Mit einem Fläschchen blauen Kamillenöls und einer Anleitung über die Verwendung machen sie sich auf den langen Weg zurück nach Hause.

 AM ENTENTEICH

Die Rosenelfe Marieluise ist ebenfalls zu einer Reise aufgebrochen, aber alleine und in eine andere Richtung als Amalie und Rosalie. Marieluise ist die eigenwilligste Elfe von allen. Sie packt ihren Rucksack mit Waschzeug, Hängematte und Schlafsack und nimmt ein wenig Proviant für unterwegs mit. Außerdem packt sie Schreibzeug und Buntstifte ein, denn sie zeichnet sehr gerne. „Ich möchte die Pflanzen und Tiere studieren und in ihren Farben zeichnen", denkt sie, „dann kann ich sie den anderen zu Hause zeigen".

Marieluise verabschiedet sich von ihren Freunden im Rosenstock und macht sich auf den Weg. Sie fliegt eine weite Strecke, doch als am Nachmittag die Sonne recht heiß scheint,

56

macht sie Pause an einem Teich im kühlen Schatten eines Schachtelhalms. Marieluise befestigt ihre Hängematte an den Halmen und legt sich hinein. Nach kurzer Zeit ist sie eingeschlafen. Während sie von der Ferne träumt, wird sie plötzlich durch ein Schnattern geweckt. Sie sieht sich um und bemerkt eine Entenmutter mit sechs kleinen Küken. „Quak, quak!" machen die Entchen und watscheln durch das Gras. „Sind die süß! Die muss ich unbedingt zeichnen", beschließt Marieluise. Sie holt den Block und die Stifte aus dem Rucksack und setzt sich auf einen großen Stein. Nach kurzem Geschnatter und Putzen der Federn legen sich die kleinen Entchen ganz dicht an ihre Mutter, und als sie die richtige Schlafposition eingenommen haben, schlafen sie ein.

Marieluise ist begeistert. „Wie flauschig die kleinen Entchen aussehen!" Sie zeichnet mit einem Bleistift ihre Umrisse. Dann nimmt sie die Buntstifte und malt zuerst mit Gelb, dann mit Braun und zum Schluss mit ein bisschen Schwarz die Küken auf dem Papier bunt an. „Das Bild ist sehr gut geworden", denkt sie zufrieden. Mit einem grünen Buntstift zeichnet Marieluise noch Gras und ein paar Blätter dazu. „So, jetzt ist es fertig!" Sie hält ihre Zeichnung vor sich hin und betrachtet sie voller Stolz.

57

Als sie die Enten so beobachtet, bekommt sie plötzlich Lust, die flauschigen Tierchen anzufassen. Die kleine Rosenelfe fliegt langsam zu ihnen hinüber, ganz leise, damit sie die Tiere nicht aufweckt. Dann lässt sie sich auf dem Rücken eines Entenkükens nieder. Sie versinkt richtig in dem weichen Flaum. „Ah, das ist ein richtig weiches Federnbett!" Das Entchen scheint gar nicht zu merken, dass Marieluise auf seinem Rücken liegt. Also streckt sich die kleine Elfe aus und schläft wohlig ein.

Marieluise träumt, dass sie auf einer weichen Wolke gelandet ist und auf dieser über den Himmel gleitet. Von oben sieht sie Felder und Wiesen, und zwischen den Blumen viele Schmetterlinge, Bienen und Hummeln. Am Waldrand kann sie in der Ferne Rehe entdecken. Vögel fliegen neben der Wolke am Himmel und fangen kleine Mücken aus der Luft.

Doch plötzlich zieht ein Gewitter auf. In der Ferne sieht Marieluise graue Wolken, die sich beängstigend auftürmen. Ein starker, kalter Wind zieht auf und bläst die Wolke, auf der sie liegt, heftig hin und her. Der Wind wird so stark, dass die Elfe beinahe herunterfällt. Nun beginnt es auch noch zu regnen. Dicke Regentropfen platschen vom Himmel und treffen Marieluises Flügelchen. Donnergrollen hört sie in der Ferne. „Ich kann mich nicht mehr halten – Hilfe!" ruft sie. In ihrem Traum versucht sie, sich an der Wolke festzuklammern, doch diese besteht nur aus Luft! Sie fällt immer tiefer und tiefer und – platsch! Marieluise hat das Gefühl zu ertrinken. Sie rudert wild mit den Armen und als sie wieder über Wasser ist, schnappt sie nach Luft.

Was ist passiert? Jetzt erst bemerkt sie, dass sie geträumt hat. Sie lag ja gar nicht auf einer Wolke, sondern auf dem Entlein. Und was sie im Traum für ein Gewitter gehalten hat, das waren die Bewegung des Entleins. Das ist wieder aufgestanden und schwimmen gegangen, und dabei ist Marieluise ins Wasser gefallen!

Jetzt hat sie ein Problem! Ihre Flügel sind nass und ziehen sie immer wieder unter Wasser. Die kleine Rosenelfe kämpft um ihr Leben. „Hilfe!" ruft sie erneut, „Hilfe!". Ihr Gezappel wird zum Glück von der Entenmutter bemerkt.

60

Diese nimmt sie behutsam mit ihrem Schnabel aus dem Wasser und setzt sie sich auf ihren Rücken. Marieluise schüttelt sich kurz und lässt ihre Flügel in der Sonne trocknen. Das war knapp!

Schon kommt ein neugieriges Entlein angeschwommen und fragt: „Wer bist denn du?" „Ich heiße Marieluise und bin eine Rosenelfe. Ich komme von weit her und erforsche Pflanzen und Tiere. Vorhin habe ich euch gezeichnet. Zum Glück sind meine Sachen am Ufer! Sonst wären die jetzt auch nass", sagt sie. Dann erzählt sie dem neugierigen Entchen von ihrem Wolkentraum und wie sie unfreiwillig baden gegangen ist. „Oje", sagt die kleine Ente, „das tut mir leid. Ich heiße übrigens Ana." – „Willst du dafür heute Abend mit uns zum Froschkonzert kommen?" fragt ein anderes Entlein. „Ein Froschkonzert? Was ist denn das?" Ein drittes Entlein schwimmt hinzu und erklärt: „Bei einem Froschkonzert sitzen die Frösche auf Seerosenblättern im Wasser und singen mehrstimmige Lieder." „Das höre ich mir gerne an!" ruft Marieluise begeistert und klatscht in die Hände.

62

Das Froschkonzert

Am Abend sind alle fein herausgeputzt. Marieluise hat ihr schönstes Kleid angezogen – es ist allerdings etwas zerzaust – und die Entchen haben sich extra die Federn eingefettet, damit sie glänzen. Ana trägt sogar ein rotes Schleifchen um den Hals. Am Ufer ist noch genug Platz für die Zuschauer, und so machen sie es sich gemütlich.

Ungefähr 20 Frösche stehen auf Seerosenblättern eng beieinander. Ein Frosch steht mit dem Rücken zum Publikum –

es ist der Dirigent. Dieser hebt den Stock und die Frösche beginnen. Zuerst quaken sie ein Begrüßungsständchen, danach einen Kanon. Die Frösche singen mit Begeisterung. Marieluise ist hingerissen von dem Konzert. Als es zu Ende ist, verbeugen sich die Frösche vornehm und die Zuschauer klatschen lange. „Was für ein Tag", seufzt Marieluise, „jetzt bin ich aber müde!" Plötzlich bemerkt die Entenmutter, dass eines ihrer Küken fehlt: „Wo ist denn Ana? Ich kann sie nirgends sehen!" Alle rufen „Ana! Ana!", laufen am Ufer entlang und suchen zwischen Büschen. Aber Ana ist nicht

zu finden. Da sagt eine ihrer Schwestern: „Schaut! Da vorne liegt ihr rotes Bändchen! Sie muss in diese Richtung gegangen sein!" Alle laufen in die Richtung und rufen laut nach Ana. Plötzlich raschelt es im Gebüsch – und das Entchen kommt heraus! Es weint ganz bitterlich: „Mama! Mama! Ich hatte solche Angst! Ich wollte doch nur ein bisschen herumgehen und dann habe ich mich verlaufen!"

Da hat Marieluise eine Idee. Sie nimmt das Rosenölfläschchen aus ihrer Tasche und sagt: „Da! Riech an diesem Duft und gib dir ein Tröpfchen auf deine Federn, das wird dir gut tun!" Ana riecht das gut duftende Rosenöl und beruhigt sich ganz schnell. „Willst du wieder in meinen Kuschelfedern schlafen?" fragt das Entchen ganz verlegen, „Jetzt weiß ich ja, dass du da bist." „Au ja!" sagt die kleine Elfe, „das würde ich sehr gerne." In dieser Nacht schläft sie tief und fest, ohne zu träumen.

Wie versprochen, bringt die Entenschar Marieluise in der Früh über den See ans andere Ufer. Zum Abschied schenkt sie der Entenmutter ein kleines Fläschchen Rosenöl: „Zum Andenken. Und vielen Dank für alles!" Die Rosenelfe gibt jedem Entlein noch einen Elfenkuss und fliegt davon.

65

Bei den Kaninchen

Marieluise fliegt gen Süden, die Luft wird immer wärmer und aromatischer. Unterwegs trifft sie viele Schmetterlinge, Bienen und Hummeln. Oft macht sie Rast und plaudert mit ihnen. Manchmal macht sie auch kleine Skizzen von den Insekten und den Blumen, an denen sie vorbei kommt. Wenn sie sehr müde ist, bittet sie einen Schmetterling oder ein Heupferd, sie ein Stück weit mitzunehmen.

Nach einigen Tagen kommt Marieluise in eine Gegend mit weiten, grünen Hügeln und Feldern. Als sie so mit den Schmetterlingen um die Wette fliegt, passiert es: Ein Vogel hält sie für einen Leckerbissen und nimmt sie in seinen Schnabel. Marieluise ist jedoch nicht ängstlich. Sie zappelt und schlägt so wild um sich, dass es dem Vogel zu dumm wird und er sie ausspuckt. Sie fällt zum Glück sanft auf eine Wiese mit Klee und Butterblumen, die am Rande eines Baches liegt. Der gluckst munter vor sich hin, als würde er Geschichten erzählen aus fernen Welten. Die kleine Elfe setzt sich an sein Ufer, hält die Füße in das kühle Wasser und lauscht. Während sie so dasitzt, entdeckt sie ein kleines Kaninchen am sandigen Ufer des Flusses. „Hallo! Wie heißt

66

du?" ruft sie. „Hallo, ich bin Moppel, und wer bist du?" „Ich heiße Marieluise und bin eine Rosenelfe. Ich komme von weit her und bin Naturforscherin", erwidert sie voller Stolz. „Naturforscherin? Was beforschst du denn da so?" fragt das Kaninchenkind. „Ich mache Zeichnungen und Notizen von Blumen und Tieren." „Aha! Also von mir kannst du gleich notieren, dass ich gerne Klee esse, und zwar jede Menge in kürzester Zeit. Schau her!" Marieluise kann es kaum glauben: Moppel beißt ganz schnell Kleeblätter mit seinen Zähnen ab, schluckt sie sofort, ohne zu kauen, und beißt schon wieder ab: Schnapp, schluck! Schnapp, schluck! Schnapp, schluck! Schnapp, schluck! – So geht es in einem fort.

„Hör auf!" ruft die Elfe, „du kannst doch nicht so viel fressen!" „Doch! Sieh her!" und Moppel frisst immer weiter. Doch plötzlich hält er sich seinen Bauch, krümmt sich und beginnt laut zu jammern: „Oh, mir ist so schlecht! Au, mein Bauch tut weh!" „Ich habe es dir ja gesagt!" meint Marieluise, „aber was jetzt?" „Schnell, ruf meine Mutter. Die ist da drüben hinter dem Hügel!" sagt er und kugelt dabei jammernd auf der Wiese hin und her. Die Rosenelfe fliegt zur Kaninchenfrau. Aufgeregt ruft sie ihr zu: „Haben Sie einen Sohn, der Moppel heißt?" „Ja!" sagt die Frau.

68

„Dann kommen Sie schnell, es geht ihm nicht gut!" Moppels Mutter scheint jedoch nicht besonders besorgt zu sein, sie kennt das schon. Moppel hat oft arge Bauchschmerzen vom vielen Klee, den er so gerne nascht.

„Komm mit!" sagt sie zu Marieluise, „Machen wir ihm einen Bauchwickel." Und sie trägt Moppel in die im Gras versteckte Kaninchenhöhle. Marieluise fliegt hinterher. In der Kaninchenhöhle ist es dunkel, sodass Marieluise zuerst nichts erkennen kann. Als sich ihre Augen an die Dunkelheit gewöhnt haben, sieht die kleine Rosenelfe Gänge, die sich in verschiedene Richtungen verzweigen. Schnell folgt sie der Kaninchenmutter. Zweimal links, dann rechts und bei der übernächsten Abzweigung wieder links. Bald erreichen sie eine geräumige Schlafhöhle. Hier legt die Mutter Moppel sanft ab. Dann macht sie sich an die Arbeit.

„Was ist denn ein Wickel?" fragt die Rosenelfe. „Ein Wickel besteht aus verschiedenen Tüchern. Sieh her, das macht man so", sagt die Kaninchenfrau. Marieluise schaut ihr aufmerksam zu und notiert alles in ihrem Büchlein. Die Kaninchenmutter trägt ein seltsam riechendes Öl auf Moppels Bauch auf und massiert es ein. Danach legt sie ein kleines Tuch darauf und wickelt noch ein längeres Tuch um seinen Bauch herum. Jetzt wird Moppel gut zugedeckt. Marieluise beobachtet genau, was die Kaninchenmutter macht, und lässt sich alles von ihr erklären.

Dann bereitet die Mutter in der Küche, die sich gleich im Raum neben Moppels Schlafhöhle befindet, einen würzigen Kräutertee für Moppel zu. Auch Marieluise darf den Tee kosten. Sie sitzt in einer gemütlichen Ecke der Kaninchenhöhle an einem eckigen Holztisch. „Schmeckt ganz gut", sagt sie höflich – er schmeckt ihr allerdings gar nicht. Als Moppel schläft, holt die Kaninchenmutter Anisplätzchen und Lavendelkekse heraus und macht noch einen weiteren Tee. Marieluise findet diesen Geschmack viel besser und möchte wissen, welche Kräuter darin sind. „Das ist ein Tee aus Hagebutte und getrockneten Apfelschalen".

Dann kommen die Geschwister von Moppel zu Tisch und stellen sich vor: Poppel, Hoppel, Schnuplinchen und Flöckchen. Als Marieluise die kleinen Kaninchenkinder sieht, ist sie ganz entzückt. Was für ein flauschiges Fell sie haben! Die Kinder erzählen über ihre Erlebnisse vom Tag. Allerdings sprechen alle gleichzeitig und Marieluise versteht überhaupt nichts. Ist Hoppel runtergefallen und hat Poppel einen Purzelbaum gemacht, oder umgekehrt? Hat Schnuplinchen die Blaubeeren gegessen, oder Flöckchen sich damit das Fell angepatzt? Egal!

72

Marieluise überprüft ihre Notizen. Sie will noch wissen, welche Kräuter die Mutter in den Bauchwehtee für Moppel gegeben hat. Da sagt die Kaninchenmutter zu ihren Kindern: „Kommt, wir singen Marieluise unser Kräuterlied!" „Au ja!" rufen die Kaninchenkinder und singen:

Es drückt den kleinen Moppel
an manchem schönen Tag
der Bauch vom frischen Klee,
weil er ihn so gern mag.

„Oje, oje und ach und weh!"
hört man dann sein Geschrei;
„Oje, oje und ach und weh!",
die Mutter eilt herbei.

Sie nimmt ein Tuch aus Leinen
und wickelt es geschwind,
getränkt mit Düften feinen,
ums Bäuchlein von dem Kind.

Kümmel, Fenchel 1-2-3,
in den Wickel oder Tee,
auch der Anis ist dabei,
schon tut's Bäuchlein nicht mehr weh!

Die Kaninchen müssen das Lied gleich mehrmals singen, so begeistert ist Marieluise davon. Sie schreibt eifrig mit.

In den nächsten Tagen zeigt Moppel seiner neuen Freundin sein Zuhause und stellt sie allen seinen Freunden vor. Marieluise gefällt es außerordentlich bei den herzigen Tierchen mit den langen Ohren. Sie hopst gemeinsam mit Moppel durch Wiesen und Kornfelder und besucht mit ihm die Feldmaus und die Haselmaus. Gemeinsam spielen sie Verstecken. Die Tiere zeigen Marieluise auch, wie man vor dem großen Feind „Hund" am besten davonläuft, nämlich mittels Hakenschlagens. Das ist für eine kleine Elfe allerdings nicht so einfach wie für ein Kaninchen.

Im Reich der Schirmblütler

Der Sommer ist schon weit fortgeschritten. Für Marieluise und Moppel kommt die Zeit, um Abschied zu nehmen, denn die kleine Elfe will noch die Pflanzen Anis, Fenchel und Kümmel besuchen. Am Morgen des Abschiedstages macht sie sich nach dem Frühstück auf den Weg. Moppel begleitet sie bis an den Rand der Wiese. Gegen Mittag steigt ihr ein Geruch in die Nase, der ihr bekannt vorkommt: So hat doch auch Moppels Kräuterwickel gerochen! Da sieht sie einen Schmetterling vorbeifliegen, es ist ein Schwalbenschwanz. Marieluise ruft ihm zu: „Hallo, Herr Schmetterling, wissen Sie, wo Anis, Fenchel und Kümmel blühen?" Der Schwalbenschwanz blickt über seine Brille und sagt: „Aber natürlich, schließlich legt meine Frau ihre Eier darauf ab, damit die kleinen Raupenbabys etwas zu fressen haben!" Er lädt Marieluise ein, mit ihm zu fliegen. Die Elfe nimmt die Einladung gerne an. Sie ist schon sehr gespannt, wie diese Pflanzen aussehen.

Bald kommen sie zu einem großen Feld. Aber was ist denn das? Auf dem Feld stehen lauter Schirme! Können das die gesuchten Pflanzen sein? Aus der Nähe betrachtet sieht Marieluise, dass jeder Schirm aus vielen kleinen Schirmchen

76

besteht, und diese wiederum aus winzigen Blüten! Als sie auf einem solchen Blütenschirm gelandet sind, steigt Marieluise ab, bedankt sich bei dem Schwalbenschwanz und verabschiedet sich. Dann sieht sie sich um. Sie bemerkt einige Elfen, die Nektar in winzigen Kübelchen von Blüte zu Blüte schleppen. Viele Schmetterlinge und Käfer kommen zu Besuch und nehmen hier eine Mahlzeit ein. „Die Insekten sind wichtig für unsere Pflanzen", erklären ihr die Elfen. „Damit diese Früchte tragen können, müssen sie durch Insekten befruchtet werden. Dann können wir aus den Früchten das wunderbare Duftöl gewinnen." Marieluise fragt nach: „Der Duft kommt also von den Früchten und nicht von den Blüten?" „Aber ja!" lautet die Antwort.

Leider ist es gar nicht so leicht, die Pflanzen voneinander zu unterscheiden, denn Anis, Fenchel und Kümmel sehen sich wirklich sehr ähnlich. Marieluise fertigt sogleich einige Zeichnungen an, um sich ihr Aussehen besser einzuprägen. „Komm mit uns", rufen da zwei Elfen, „wir zeigen dir die Früchte in unserer Vorratskammer." Die beiden stellen sich vor: „Wir sind Fenchelelfen und heißen Ansi und Fenchi." Marieluise folgt ihnen aufgeregt. Wie durch einen Irrgarten fliegen sie an zahlreichen Pflanzen vorbei, einige so hoch, dass die Rosenelfe glaubt, sie reichten bis in den Himmel.

Dann stehen sie plötzlich vor einem großen, eiförmigen, aus Halmen geflochtenen Gebäude. Es ist die Vorratskammer der Elfen. Zwei Wächterelfen stehen davor und bewachen den Eingang. Natürlich darf die Rosenelfe passieren und mit hineingehen. Drinnen sehen sie riesige Regale, gesteckt voll mit Körben, gefüllt mit den teils länglichen, teils rundlichen Früchten der Doldenblütlerpflanzen. Ein ganzes Abteil ist mit „Fenchel, süß" beschriftet, ein anderes mit „Anis" und es gibt noch weitere Abteile für Koriander, Kümmel,

78

Sellerie und Karottensamen. Marieluise bemerkt, dass die Früchte viel leichter zu unterscheiden sind als die Pflanzen selbst, denn ihre Samenfrüchte sehen ganz unterschiedlich aus. In ihrem Notizbuch hält sie die Formen und Farben fest. Sie erfährt von den Fenchelelfen, dass es außer Anis, Kümmel und Fenchel noch andere Doldenblütler gibt. Auch Dill,

Petersilie, Liebstöckel, Engelwurz und viele andere Gewürzpflanzen gehören zu dieser Pflanzenfamilie.

In dem Speicher riecht es sehr intensiv nach den Gewürzpflanzen, sodass es Marieluise ein bisschen übel wird. „Du siehst so blass aus!" sagt Ansi, „komm, gehen wir hinüber!" Damit meint er die Betriebsküche. Der Koch, ein etwas beleibter Kümmelelf, gibt Marieluise sogleich einen kühlen Anis-Koriandersaft mit Pfefferminze. Dann gibt es Anisplätzchen mit Fenchelhonig und Kümmelbrot. Marieluise bemerkt erst jetzt, wie hungrig sie ist.

Nach dem Essen geht es ihr gleich besser. Allerdings wird sie plötzlich sehr müde. Ihre Freunde bringen sie ins Internat, wo auch sie unter der Woche schlafen. Die Obererzieherin freut sich über den Besuch und lädt Marieluise ein, am nächsten Tag mit in den Sachunterricht zu gehen.

ANISELFEN-UNTERRICHT

Am nächsten Tag ist Sachunterricht für die kleinen Aniselfen. Sie lernen, dass Anis nicht nur bei Blähungen verwendet wird, das ätherische Anisöl wirkt auch gut schleimlösend bei hartnäckigem Husten. Die Schülerinnen und Schüler gehen ins Labor und stellen einen Hustensirup her, und eine Salbe zur Brusteinreibung. Das ist aufregend für Marieluise, denn sie hat so etwas noch nie gemacht. Natürlich kleckert sie sich beim Salbe rühren an, aber es macht ihr riesigen Spaß.

Fenchi erklärt ihr, dass auch Fenchel bei Husten verwendet werden kann. „Und man kann auch ein Augenbad mit Fencheltee machen", fügt er hinzu. Marieluise ist sehr beeindruckt, doch dann fällt ihr ihr Auftrag wieder ein: Sie muss doch herausfinden, wofür Rosenöl gut ist. Sie fragt die beiden Fenchelelfen, ob sie wissen, wofür Rosenöl verwendet werden kann. Die Elfen sind über ihre Frage verwundert. Rosenöl,

81

haben sie gelernt, ist das „Königsöl". Genaueres aber können
sie darüber auch nicht sagen. Deshalb bringen sie Marieluise
zu ihrer Elfenkönigin, die ihr Schloss hoch oben auf einer
Engelwurz hat. Marieluise steht staunend vor der Pflanze:
Wie hoch die ist! Ganz oben, dicht unter dem Blütenschirm,
befindet sich der Thronsaal. „Die Königin weiß einfach alles
über die Doldenblütler und auch über viele andere Pflanzen", erklärt Ansi. Zuerst melden sich die jungen Elfen beim
Sekretär der Königin an. Sie setzen sich auf kleine Stühle im
Vorraum des Thronsaales und warten auf die Audienz bei der
Königin. Plötzlich öffnet sich die große Tür und eine Assis-
tentin bittet die Elfen, einzutreten.

Marieluise ist entzückt. Die Doldenblütenelfenkönigin
trägt ein wunderschönes Kleid mit aufwändigen Stickereien.
Sie sitzt auf ihrem Thron, einem hohen Sessel, der wie Gold
glänzt. Im Thronsaal duftet es würzig herb. Die Rosenelfe
bemerkt auch einen Geruch, der ihr sehr vertraut ist – aber
sie traut sich nicht, etwas zu sagen. Die Königin will wissen,
was Marieluise ins Reich der Doldenblütenelfenkönigin ge-
führt hat. Die kleine Elfe erzählt ihr alles von Anfang an:
über die Frage des Lavendelelfen, von ihrem Auftrag und
über ihre gesamte bisherige Reise. Die Königin hört aufmerksam zu, dann lächelt sie mild und sagt: "Düfte, mein

83

Kind, wirken nicht nur auf den Körper, sie wirken ebenso auf unsere Seele. Sie wecken Erinnerungen aus längst vergangenen Tagen, lassen uns gut gelaunt sein, beruhigen uns oder machen uns munter. Die ätherischen Öle unserer Doldenblütler sind sehr wichtig für die Gesundheit. Aber sie riechen stark würzig und manchmal etwas zu herb. Deshalb mischen wir unsere Düfte mit anderen, wohlriechenden Düften. Das vermindert nicht die Wirkung auf den Körper, macht sie aber freundlicher für unsere Nasen und die Seele. Was, glaubst du, nehme ich als Lieblingsduft?" fragt sie die Elfe. Marieluise wird es ganz heiß: „Kann es sein, dass Sie Rosenöl nehmen, Majestät? Ich bilde mir ein, ich hätte es gerochen, als ich hereinkam", sagt die Rosenelfe zögerlich. „Du hast eine bemerkenswert gute Nase! Ja, ich nehme Rosenöl für meine Mischungen. Ich liebe es, denn es ist einfach königlich."

Marieluise freut sich. Die fremde Elfenkönigin verwendet tatsächlich Rosenöl als Parfum! Das muss sie den anderen Elfen zu Hause im Rosenstock erzählen. Bei dem Gedanken bekommt sie plötzlich schreckliches Heimweh. Sie beginnt beinahe zu schluchzen. Ihr wird klar, dass es noch ein langer Weg zurück nach Hause

84

ist. Die herumstehenden Anis-, Fenchel- und Kümmelelfen trösten sie und versprechen ihr, sie ein Stückchen des Wegs zu begleiten. Die Elfenkönigin verkündet, dass es am nächsten Tag ein Abschiedsfest für den weitgereisten Gast geben soll.

Am Abend sind alle emsig mit Vorbereitungen beschäftigt. Fenchi und Ansi nehmen Marieluise bei der Hand und fliegen mit ihr zur Betriebsküche zurück. „Komm, wir helfen in der Küche, das ist das Beste!"

Es wird ein rauschendes Fest. Viele leckere Spezialitäten wie Anisplätzchen, Fenchelkugeln, Koriandertörtchen und Engelwurzpudding werden aufgetischt. Dazu gibt es Rosenlikör, den sich die Königin für besondere Anlässe aufgespart hat. Bis in die Morgenstunden feiern die Elfen und am nächsten Tag brechen einige mit Marieluise auf.

BEI DEN ZWERGEN

Auch Emilio und Centifolio, die Söhne der Rosenelfenkönigin, machen sich auf Geheiß ihrer Mutter auf den Weg. Sie fliegen über Berge, Wälder und Täler, bis sie ins Land der Zwerge gelangen. Diese Lebewesen sind größer als die Elfen, aber kleiner als Menschen. Es sind geschickte und lustige Gesellen und tüchtige Handwerker: Tischler, Töpfer, Schuster, Schneider, Bäcker und Köche. Ihre liebste Beschäftigung aber ist das Graben in der Erde nach Gold und Edelsteinen. Die beiden Rosenelfen beobachten zwei Zwerge, wie sie heftig mit einer Hacke auf einen Stein schlagen: „Pam, pam, pam!" – da bricht der Stein entzwei und ein wunderschöner violetter Kristall kommt zum Vorschein. „Das ist ein super Fund, ein Amethyst!" rufen sie aufgeregt. „Ähhm!" räuspert sich Emilio, „könnt ihr uns vielleicht helfen? Wir kommen von weit her!"

Die beiden Zwerge schauen verdutzt auf. Die Rosenelfen erzählen von ihrer Reise und ihrem Auftrag. „Kommt erst mal mit uns, wir müssen unseren Edelsteinfund feiern. Setzt euch auf unsere Mützen!" Und schon geht's ab zu den Zwergenbehausungen, Höhlen mitten im Wald.

86

Die Wohnungen der Zwerge faszinieren die beiden Elfen. Riesige Höhlen erstrecken sich durch den ganzen Berg. Sie treten zunächst in eine große Halle, wo viele Zwerge emsig umherlaufen. Mehrere Wege führen in verschiedene Richtungen. Die beiden Zwerge, Rolli und Knolli, laufen durch die Gänge, bis sie zur Zwergenküche mit anschließendem Speisesaal gelangen. „Kommt! Wir bestellen uns was Feines!" Und sie bestellen zu essen und zu trinken. Die beiden Elfen sind auch schon recht durstig. „Habt ihr etwas Fruchtsaft oder Honigwasser?" fragt Centifolio. „Wir haben Honigwein, wenn du den meinst." Die Elfen bestellen Honigwein, den sie noch nie gekostet haben. Leider bekommt er ihnen gar nicht gut. Centifolio schwirrt der Kopf und Emilio wird schwindelig. „Ich glaube, ihr solltet schlafen gehen", sagt Rolli lachend. Dann bringen sie die kleinen Gäste in ihre Schlafstube, wo sie ihnen in kleinen Schubladen weiche Bettchen bereiten.

Am nächsten Morgen geht es den Rosenelfen wieder gut. Nach dem Frühstück fragen sie die Zwerge, ob sie sich mit Pflanzendüften auskennen. Die Zwerge schauen sie verwundert an. „Düfte? Pflanzen? Was meint ihr?". „Ich dachte, Pflanzen sind zum Essen da", sagt ein Zwerg

88

mit roten Haaren und lacht. Ein anderer, etwas jüngerer Zwerg fragt nach: „Meint ihr vielleicht Gewürze?"

Die Elfen sind sich nicht ganz sicher, und so gehen die Zwerge mit ihnen in die Küche zu den Köchen. Dort wird gerade das Mittagessen gekocht – Essen ist noch eine Lieblingsbeschäftigung der Zwerge. Es gibt Brennnesselsuppe mit Rosmarin, danach Kartoffel-Blumenkohlauflauf mit Thymian-Minzsoße. Die Rosenelfen sind verwundert, irgendwie riechen die Gewürze vertraut, aber so richtig einordnen können sie das nicht. „Wofür gebt ihr die Gewürze denn ins Essen?", fragen sie. „Na, weil's gut schmeckt!" kommt prompt die Antwort. „Aber irgend einen anderen Sinn müssen Gewürze doch noch haben", sagt Emilio. „Ihr könnt sie euch ja

mal anschauen. Bitte, das ist unser Gewürzregal!" meint der Chefkoch und zeigt auf ein Regal, in dem lauter fein säuberlich beschriftete kleine Keramikbehältnisse stehen. Sie lesen: Basilikum, Dill, Fenchel, Kümmel, Majoran, Nelke, Petersilie, Pfefferminze, Rosmarin, Salbei, Thymian, um nur einige zu nennen.

„Das sind unsere wichtigsten Gewürze. Genau das ist die Kunst des Kochens – das richtige Würzen!" erklärt der Chefkoch. Die beiden Rosenelfen sind etwas enttäuscht. Nach dem Essen fragen sie nochmals vorsichtig nach: „Natürlich duftet und schmeckt alles hier fein. Aber ist das alles? Düfte sollen doch auch ganz bestimmte Wirkungen haben. Um das

herauszufinden, sind wir unterwegs." Mit dieser Frage sind die Zwergenköche sichtlich überfordert. Was, bitte, soll denn sonst noch sein? Da hat einer der Kochlehrlinge eine Idee: „Warum gehen wir nicht zum Kräuterwaberl? Die kennt sich sicher aus." „Die alte Hex'? Die macht mir immer so Angst", sagt einer der Zwerge. Aber auf ihn hört keiner. „Okay, gehen wir!" beschließen die Zwerge, und fünf von ihnen wandern mit den Elfen zur Kräuterapotheke. Dazu müssen sie erst ein ziemliches Stückchen Weg durch den Wald, allerdings auf den Mützen der Zwerge reitend. Auf einer Lichtung am Waldrand steht ein kleines Häuschen. Hier wohnt das Kräuterwaberl.

IN DER WALDAPOTHEKE

Neben der hölzernen Eingangstür befindet sich eine Kordel, an der eine Glocke befestigt ist. Der Zwerg mit den roten Haaren zieht zögerlich daran. Es bimmelt munter, dann öffnet sich die knarzende Tür. Sie treten ein. Emilio und Centifolio fürchten sich ein wenig, betrachten aber fasziniert die Einrichtung im Innern des Häuschens. An den Wänden stehen Regale mit verschiedensten Behältnissen, bunten Flaschen und Gläsern, alle ordentlich beschriftet. Von der Decke hängen Kräuterbüschel. Auf einem Tisch in der Mitte des Raumes steht eine Waage und eine seltsame Apparatur. Es duftet intensiv nach Kräutern und Gewürzen.

Plötzlich erscheint die Kräuterhexe, die von allen nur das „Kräuterwaberl" genannt wird. Die Zwerge zucken ein wenig zusammen und gehen einen Schritt zurück. Nicht, weil sie so furchterregend aussieht, nein, aber weil sie so plötzlich aufgetaucht ist. Das Kräuterwaberl ist nur ein bisschen größer als die Zwerge. Sie trägt eine rote Schürze über ihrem mit Erdbeeren verzierten Kleid und eine rote Brille auf der Nase. Die Haare sind zu einem Dutt hochgesteckt. Mit freundlichem Gesicht sagt sie: „Mein Name ist Fragaria."

93

„Eigentlich ist sie gar nicht schrecklich", flüstert Emilio zu Centifolio, der die Kräuterhexe auch ganz nett findet. Sie hat allerdings eine sehr direkte Art. „Was wollt ihr?" fragt sie, „ich habe nicht den ganzen Tag Zeit!" Die Zwerge wollen etwas sagen, bringen aber vor Schreck keinen Ton heraus. Da ergreift Emilio das Wort: „Wir sind Rosenelfen und kommen von weit her. Wir wollen lernen, wofür Duft- und Gewürzpflanzen gut sind." Als Fragaria das hört, runzelt sie die Stirn und scheint plötzlich ganz finster dreinzublicken. In Wirklichkeit aber ist sie über diese Frage so erstaunt, dass sie nicht weiß, ob sie richtig gehört hat. „Wie bitte?" fragt sie nach. Die beiden Rosenelfen lassen sich nicht einschüchtern und wiederholen ihr Anliegen. Da wird Fragaria gleich freundlicher und ist bald in ihrem Element. Endlich einmal eine interessantere Frage als: „Hast du etwas gegen Schnupfen?"

Überschwänglich beginnt sie zu erzählen: „Natürlich haben auch Gewürzpflanzen eine Wirkung. Man gibt Gewürze zum Essen dazu, um es leichter verdaulich zu machen." Denn, so sagt sie, nicht nur einige spezielle Duftpflanzen haben Wirkungen auf den Körper, auch viele andere Pflanzen. Alle diese Pflanzen nennt man „Heilpflanzen", weil sie Krankheiten verhindern oder diese heilen helfen.

95

Nun wollen Emilio und Centifolio auch wissen, was es mit der komischen Apparatur auf dem Tisch auf sich hat. Fragaria erzählt, dass es eine Wasserdampfdestille ist. Darin wird aus den Pflanzen mithilfe von Wasserdampf ihr Duft gewonnen. Im Dampf löst sich ätherisches Öl. Es wird im Glaskolben aufgefangen, wieder abgekühlt und tropft als Flüssigkeit in ein Gefäß. Die Flüssigkeit besteht aus Wasser und dem ätherischen Öl der Pflanze. Weil sich das Öl nicht mit Wasser mischt, sondern darauf schwimmt – ähnlich wie Fettaugen auf der Suppe – kann man beides gut trennen. „Und siehe da, man hat reinen Pflanzenduft im Glas! Ist das nicht bezaubernd?" ruft Fragaria und dreht sich einmal um sich selbst. Emilio erzählt, dass sie zu Hause die Duftzellen der Rose anstechen, um das ätherische Öl zu gewinnen. So etwas ist natürlich nur den winzig kleinen Elfen möglich. Das wiederum findet Fragaria sehr interessant. Als sie sich umsehen, bemerken

96

sie, dass die Zwerge schon gegangen sind, anscheinend wollten sie wieder an ihre Arbeit. „Was sind denn noch wichtige Pflanzendüfte?", will Emilio da noch wissen.

Fragaria geht zu einem Schrank und holt ein Fläschchen heraus, auf dem „*Aetheroleum Menthae pip.*" steht. „Das ist ein lateinischer Name und bedeutet Pfefferminzöl", erklärt sie, öffnet das Fläschchen und hält es Emilio und Centifolio unter ihre kleinen Elfennasen. Die beiden weichen schnell zurück, denn der Geruch sticht ihnen in der Nase. „Ihr habt zu viel eingeatmet, da darf man nur ganz vorsichtig daran riechen. Pfefferminzöl hilft sogar, wenn man jemanden aus seiner Ohnmacht aufwecken will. Ich verwende es aber vor allem für mein Öl gegen Muskelkater. Manchmal graben die Zwerge zu wild, dann tun ihnen die Muskeln an den Oberarmen und am Rücken weh." Fragaria erklärt, dass man ätherische Öle nie pur auf die Haut geben sollte, sondern nur verdünnt. Schon drei Tropfen, mit etwas fettem Öl vermischt, genügen. Damit wird der schmerzende Muskel zweimal täglich eingerieben. Während sie so plaudern, läutet es an der Tür. Ein Zwerg kommt herein: „Fragaria, ich habe so schreckliche Kopfschmerzen. Kannst du mir helfen?" Die Kräuterhexe sagt zu den Elfen: „Jetzt passt auf! Ihr könnt

97

gleich was lernen." Sie gibt Sonnenblumenöl in ein winziges Fläschchen, gibt drei Tropfen Pfefferminzöl dazu, verschließt es und schüttelt das Ganze. „Reib' dir damit die Schläfen ein und rieche ab und zu daran", sagt sie zu dem Zwerg.

Als er gegangen ist, schlägt Fragaria vor: „Ihr könnt gerne noch ein paar Tage bei mir bleiben, da könnt ihr eine Menge lernen." „Au ja!" rufen die Elfen, „gerne! Wir bleiben sehr gerne!" Da holt Fragaria vom Dachboden ihres Häuschens ein Puppenhaus. Es ist hübsch eingerichtet mit wunderschönen Puppenmöbeln. Die Böden sind mit bunten Teppichen ausgelegt, Vorhänge mit Rosenmotiven und Rüschen verzieren die Fenster und Holzschränke und -regale beinhalten schönes Geschirr und Wäsche. Nach einem wunderbaren Nachtmahl gemeinsam mit dem Kräuterwaberl legen sich die Elfen in ihre Gästebetten im Puppenhaus und träumen von zu Hause.

Duftende Zubereitungen

Am nächsten Tag stehen Emilio und Centifolio zeitig auf, lautes Wehklagen hat sie aus dem Schlaf gerissen. Dort steht ein Zwergenjunge, der fürchterlich weint und schreit. Eine Wespe hat ihn an der Hand gestochen, der Stich schmerzt fürchterlich und die Hand ist geschwollen. Fragaria gibt Pfefferminz- und Lavendelöl auf den Stich und verteilt es sanft. „Es wird ein bisschen dauern, bis es wirkt", sagt sie. „Hier hast du noch ein Pfefferminzbonbon." Der Bub bedankt sich freudig und geht wieder spielen.

Emilio und Centifolio finden es im Haus der Kräuterhexe sehr spannend und interessant und machen sich eifrig Notizen. Am Nachmittag kommt ein Bote aus dem Schloss des Zwergenkönigs. Er soll eine Lieferung Aromabad für den Zwergenkönig holen. Fragaria erzählt den Rosenelfen, dass der König aufgrund seines niedrigen Blutdrucks oft an Schwindel leidet. Deshalb müsse er jeden Tag ein anregendes Morgenbad mit Rosmarin nehmen. „Wenn es ganz schlimm ist, riecht er an meinem Pfefferminzölfläschchen, das macht ihn wieder frisch und munter", sagt sie. Für das königliche Bad nimmt sie als Basis 100 ml feinste neutrale

100

Badeemulsion. Centifolio und Emilio dürfen ätherisches Rosmarinöl hineintropfen. Dann wird die Flasche versiegelt und sanft geschüttelt. Fertig ist das königliche Bad!

„Habt ihr noch mehr Lust dabei zu helfen, etwas Duftendes herzustellen?", fragt Fragaria. „Au ja, gerne!" rufen die Rosenelfen. Fragaria erzählt ihnen, dass sie dringend ihre

Hustensalben-Vorräte auffüllen müsse. „Der Herbst kommt schneller, als man denkt", sagt sie, „und dann sollte die Salbe schon bereitstehen."

Sie erklärt den beiden Elfen: „Es gibt eine Salbe extra für Kleinkinder und eine für Erwachsene. In beiden ist Thymianöl enthalten. Genauso wie es verschiedene Apfelsorten gibt, gibt es aber auch verschiedene Thymiansorten. Eine bestimmte Thymianart darf nur bei Erwachsenen verwendet werden, denn ihr ätherisches Öl ist für Kinder zu stark. Der Thymian für die Kindersalbe ist milder."

Centifolio notiert wieder alles in seinem Büchlein. Dann bekommen die beiden Rosenelfen von Fragaria eine weiße Schürze, sie selbst zieht ihren weißen Labormantel an. Alle waschen sich gründlich die Hände, denn, so erklärt Fragaria: „Im Labor muss alles sauber sein".

Für die Hustensalbe nimmt das Kräuterwaberl eine fette Grundsalbe, wiegt sie ab und gibt sie in eine Rührschüssel. Danach dürfen die Rosenelfen tropfenweise ätherische Öle dazugeben und darin verrühren. „In die Salbe für Erwachsene kann man mehr Tropfen hineingeben als in die Salbe für Kinder", erklärt Fragaria.

Emilio und Centifolio dürfen die Rezepte mitschreiben:

WOLLWACHS	25 G
MANDELÖL	5 G
THYMIAN LIN.	5 TR.
FENCHEL SÜß	4 TR.

WOLLWACHS	25 G
MANDELÖL	5 G
THYMIAN	8 TR.
EUKALYPTUS	5 TR.
FENCHEL SÜß	4 TR.

Nach diesem spannenden und ereignisreichen Tag sind die beiden Rosenelfen ordentlich müde. Beim Nachtmahl erzählen sie Fragaria von ihrem heimatlichen Rosenstock und warum sie auf diese Erkundungsreise geschickt worden sind. Vor dem Schlafengehen trinken sie noch ein bisschen Honigwasser, legen sich in ihre Puppenbettchen und schlafen sogleich ein.

An den darauffolgenden Tagen lernen sie noch viel mehr Interessantes über Pflanzenöle von der Kräuterhexe. Ein Zwerg kommt, weil seine Füße so sehr jucken. Fragaria meint, es sei Fußpilz – eine Hauterkrankung. Sie mischt ihm ein Fußbad und eine Salbe mit Rosengeranie, Lavendel und Thymian.

Eines Tages kommt eine Zwergenfamilie zum Kräuterwaberl, die sich große Sorgen um ihre Oma macht. Sie ist schon sehr alt und schwach. „Wir brauchen eine Medizin, die ihre Lebensgeister wieder ein bisschen anregt", bitten sie. Leider hat die alte Dame auch hohen Blutdruck, daher ist Rosmarinöl für sie nicht geeignet, erklärt Fragaria. Das Kräuterwaberl geht zu einem versperrten Schrank, in dem sie ihre kostbarsten Öle aufbewahrt. Als sie ein Fläschchen herausnimmt und öffnet, erkennen Emilio und Centifolio sofort, was es ist: Rosenöl! „Nicht nur für Babys zum Wohlfühlen eignet sich Rosenöl, es kann auch gut für alte Menschen zur Stärkung des Geistes und der Seele verwendet werden. Ich hatte mich schon gefragt, wann ihr mich wegen des Rosenöls ansprecht", sagt sie zu den Elfen. Sie empfiehlt der Familie, die Großmutter und auch sich selbst regelmäßig mit stark verdünntem Rosenöl auf Brust und Armen einzureiben. Das sei nicht nur gut zur Hautpflege, es könne auch Kraft und Trost spenden. Der Rosenduft wirke tonisierend und allgemein stärkend.

Die beiden Rosenelfen sind gerührt: Rosenöl kann sogar Trost spenden. Und weil sie ein bisschen Heimweh haben, brauchen sie zum Trost auch gleich eine Rosenöleinreibung. Beim Mittagessen fragen sie Fragaria, ob sie ihnen noch weitere Rosenöl-Anwendungen nennen kann. Natürlich kann sie das: „Rosenöl ist in jedem Alter zur Hautpflege geeignet. Für die Babyhaut ist es streichelzart, in der Pubertät wirkt es gegen Pickel und im Alter gegen Falten", lächelt sie.

Emilio und Centifolio bleiben noch einige Tage. Sie besuchen auch die Zwerge noch einmal und sehen ihnen bei der Arbeit zu. Eines Tages passiert dem Zwerg Armo, einem Schmiedlehrling, ein Missgeschick. Er verbrennt sich am

105

Schmiedefeuer seinen Daumen. „Au, das brennt!" schreit er. „Halte ihn ins kalte Wasser", sagt sein Meister, „dann wird es gleich besser." Doch Armo hat weiter große Schmerzen. „Schnell, komm mit zum Kräuterwaberl", sagt Centifolio. Sie rennen – Emilio und Centifolio unter Armos Mütze – schnell durch den Wald zu Fragaria. Die weiß selbstverständlich Rat: Lavendelöl wird aufgetragen, und gleich geht es dem kleinen Zwerg viel besser. „Nimm noch ein Pfefferminzbonbon, das wird dir sicher schmecken", sagt Fragaria zu ihm, als er sich verabschiedet.

Der Sommer hat schon fast seinen Höhepunkt erreicht und für die Elfenjungen wird es Zeit, heimzukehren. Obwohl sie sich beim Kräuterwaberl und den Zwergen sehr wohlfühlen, sehnen sie sich doch nach ihrem Heimatgarten und dem Rosenstock. Die Zwerge bringen sie noch mit einem Floß über den Fluss, den Rest des weiten Weges fliegen die beiden Rosenelfen alleine, bis sie wieder zu Hause angelangt sind.

106

Die Heimkehr

Ist das eine Freude und Aufregung, als nach Wochen der Ungewissheit alle Rosenelfen sicher in ihre Heimat zurückgekehrt sind. Alle freuen sich und jubeln! Als erstes ist Marieluise zurückgekommen. Sie ist so erleichtert und glücklich, wieder daheim zu sein, dass sie einen ganzen Tag und eine ganze Nacht und dann noch bis Mittag schläft. Dann kommen Amalie und Rosalie. Auch sie sind ziemlich erschöpft von ihrer Reise. Bald danach erreichen auch Emilio und Centifolio den heimatlichen Garten. Die Reisenden haben jedoch wenig Zeit, sich auszuruhen. Sie werden umringt und befragt von den daheimgebliebenen Elfen, die am liebsten sofort alles über die Reise erfahren wollen.

Bald weiß der ganze Garten Bescheid, dass die Elfen wieder da sind. Was jedoch nicht alle Pflanzen im Garten wissen und erst mal auch nicht wissen sollen, ist, was der genaue Grund für deren Reise war. Was haben sie wohl über die Wirkungen der Rose zu berichten? Wer weiß? Vielleicht stellt sich heraus, dass Rosen zu gar nichts nütze sind! Die Elfenkönigin kann es kaum erwarten, von den Ankömmlingen zu erfahren, was sie herausgefunden haben. Daher

108

ruft sie die kleinen Elfen und alle ihre Oberelfen zu sich, um sie zu befragen.

Amalie und Rosalie erzählen von dem Kätzchen, das schon von klein auf mit Rosenwasser gewaschen wurde,

weil Rosenwasser die Haut und das Fell pflegt. Sie berichten, was das Kätzchen ihnen erzählt hat: Dass die Menschen auch ihre Babys mit Rosenwasser und Rosenöl pflegen, denn es sei besonders mild zur Haut, entzündungshemmend und

110

gut verträglich. Außerdem lasse der liebliche Duft Mutter und Kind harmonisch und ruhig werden. Die Rosenelfenkönigin ist begeistert. Endlich kann sie beweisen, dass sie wichtig ist.

Marieluise berichtet, was sie bei den Doldenblütlerelfen gelernt hat: Düfte wirken nicht nur auf den Körper, sondern ebenso auf die Seele. Sie können Erinnerungen aus längst vergangenen Tagen wecken, lassen gut gelaunt sein, beruhigen oder machen munter. Die Doldenblütenelfenkönigin habe ihr erzählt, dass ihre eigenen Duftöle zwar sehr wichtig für die Gesundheit seien, aber manchmal zu herb riechen. Deshalb mische sie ihre Düfte gerne mit anderen Pflanzendüften. Die Elfenkönigin nehme Rosenöl als Parfum und für ihre Mischungen. Sie liebe es, denn es sei einfach königlich. Bei dieser Nachricht kommen der Rosenelfenkönigin beinahe Tränen der Freude und unter den dabeistehenden Elfen geht ein bewunderndes Raunen durch die Reihen. Rosenöl wird sogar von anderen Elfenköniginnen als Parfum verwendet!

Dann sind Emilio und Centifolio an der Reihe. Sie sind sehr aufgeregt. „Nicht nur für Babys zum Wohlfühlen eignet sich Rosenöl, auch für alte Menschen wird es verwendet zur Stärkung des Geistes und der Seele", lesen sie aus

111

ihrer Mitschrift, die sie beim Kräuterwaberl angefertigt haben. Sie erzählen, wie dieses einer Familie empfohlen habe, nicht nur der Großmutter, sondern auch sich selbst Brust und Arme mit stark verdünntem Rosenöl einzureiben, damit sie neben der Hautpflege auch wieder Kraft und Trost bekämen. Außerdem wirke der Rosenduft tonisierend und allgemein stärkend. Weiters lesen sie: „Rosenöl ist für jedes Alter zur Hautpflege geeignet. Für die Babyhaut ist es streichelzart, in der Pubertät wirkt es gegen Pickel und im Alter gegen Falten."

Nach all diesen Berichten ist die Rosenelfenkönigin so gerührt, dass sie beinahe weinen muss – aber das schickt sich nicht für eine Königin. Deshalb nimmt sie ein Taschentuch und beträufelt es mit etwas Rosenöl, um daran zu riechen. Nun möchte die Rosenelfenkönigin noch wissen, was die Elfen über die Düfte anderer Pflanzen herausgefunden haben. Sie hat in den letzten Wochen viel darüber nachgedacht, welche Wirkungen Pflanzendüfte haben können und große Lust bekommen, mit allen ihren Nachbarn zu plaudern und mehr über sie zu erfahren.

Deshalb verkündet sie nun, nach diesen guten Neuigkeiten: „Lasst uns ein großes Fest feiern mit all unseren Nachbarn!" Sämtliche Elfen der verschiedensten Pflanzen werden

112

eingeladen, zum Fest zu kommen. Botschafterelfen werden ausgeschickt, um die Einladung überall im Garten kund-zutun.

Das Fest

Natürlich hat der Lavendelelf, der auf dem Lavendel neben der Rose wohnt und der Grund für die ganze Aufregung war, die Abreise und Rückkehr der Rosenelfen mitbekommen und auch, dass alle in hellster Aufregung waren. Die Blüten seines Lavendelbuschs sind schon verblüht für dieses Jahr und damit auch ihr Duft vergangen. Viele seiner Zweige sind abgeschnitten, um als getrocknete Bündel in Schränken und Schubladen dafür zu sorgen, dass Motten fernbleiben. Andere wurden in kleine Kissen gefüllt, um Menschen das Einschlafen zu erleichtern.

Täglich hat der Lavendelelf Ausschau gehalten nach „seiner" Rosenelfe Amalie. Wie erleichtert war er da, als er von ihrer Ankunft hörte. Auch Amalie dachte beim Heimflug viel an ihn, ob sie wollte oder nicht.

Als sie an diesem Abend stolz zu ihm sagt: „Herr Lavendel! Ich werde ihnen sagen, wofür unser Duft wichtig ist…!" unterbricht sie der Lavendelelf, legt seine Hand auf ihren Mund und sagt: „Liebes Fräulein Rosenelfe! Ich habe doch nie bezweifelt, dass Ihr wichtig seid! Ich hoffe, Ihr könnt mir verzeihen. Wir Lavendelelfen wissen alles über die Düfte und ihre Wirkungen, denn der Lavendel wurde als erste Pflanze in der Aromatherapie verwendet. Ich wollte damals doch nur mit Ihnen plaudern. Wofür Ihr bezaubernder Duft wichtig ist, hätte ich Ihnen sagen können!", sagt er und schmunzelt. „Macht nichts, Herr Lavendel! Auf dieser Reise ist mir so einiges klar geworden." Und beide schauen sich an und tanzen verträumt im Mondschein.

Dieses Gespräch hört die Rosenelfenkönigin mit, die auf dem Balkon ihres Palasts steht. Sie ärgert sich kurz über die Worte des Lavendelelfen. „Wegen diesem kecken Elf habe ich schlaflose Nächte gehabt!" denkt sie. Aber dann beruhigt sie sich wieder und lächelt in sich hinein: „Schließlich bin auch ich jetzt um einiges klüger!" Dann begrüßt sie den Lavendelelfenkönig, der suchend auf den Balkon gekommen ist. Er fragt sie: „Darf ich um den nächsten Tanz bitten?" und hält ihr seinen Arm entgegen. Die Rosenelfenkönigin stutzt kurz, dann sagt sie: „Aber gern, mein lieber Nachbar!" Der Lavendelelfenkönig entgegnet: „Ihr Rosen seid wie die Liebe – mit Euch ist das Leben immer wie ein Sommertag!"

ÜBER DIE AUTORIN

Mag. pharm. Dr. Barbara Našel ist Pharmazeutin und arbeitet seit ihrem Studium als Apothekerin in einer öffentlichen Apotheke in Wien. Schon in ihrer Diplomarbeit und ihrer Dissertation befasste sie sich mit den Wirkungen von ätherischen Ölen. Nach einer Spezialisierung in Aromatherapie hält sie Fortbildungen und Workshops zu den Themen Aromatherapie und Naturheilkunde. Zahlreiche Publikationen und Kindergeschichten erschienen in Fachzeitschriften, Kundenzeitschriften und im Eigenverlag.

Als Spätberufene absolvierte Barbara Našel die Ausbildung zur Berufsschullehrerin und unterrichtet seither in der Berufsschule für PKAs (Pharmazeutisch Kaufmännische Assistenz) in Wien.

Sie lebt mit ihrer Familie im Wienerwald am Rande von Wien.

Duft- und Heilpflanzen

sehen · verstehen · anwenden

Heinz Schilcher
Ingeborg Stadelmann
Christian Herb

Duft- und Heilpflanzen

sehen · verstehen · anwenden

Von Arnika über Teebaum bis Zwiebel ...

- über 100 Duft- und Heilpflanzen mit Foto und Steckbrief
- die wichtigsten Eigenschaften und Anwendungen in der Kräuterheilkunde, Aromatherapie und Homöopathie
- wissenschaftliches und traditionelles Wissen in übersichtlicher Darstellung

ISBN 978-3-943793-03-1
3. Auflage, 304 Seiten, € 9.90
Auch als E-Book erhältlich.